山은 아무 말도 하지 않았다

山은 아무 말도 하지 않았다

|신 성 수 시집|

● 시인의 말

　18세기 사상가인 루소는 문명이 발달하면서 인간의 감성은 더 이상 순수해지지 않고 퇴보할 것이라고 하였으며 최재천 이화여자대학교 교수는 인간, 환경, 사회가 건강하게 공존하는 시대가 진정한 유토피아라고 하였습니다.
　1993년 봄, 월간 『문학세계』에서 부족하기만 한 작품을 격려하여 주신 덕분에 감사하게도 시인으로 이름하고 살아온 시간이 30년이 되었습니다. 시선집을 정리하는 시간 동안 머릿속을 떠나지 않은 것은 제 자신에게 던지는 질문이었습니다. '너는 시인이었느냐, 정말 시인이었느냐.' '시를 썼느냐. 어떤 시를 썼느냐.'라는 계속되는 질문에 아무런 대답을 하지 못하고 말았습니다.
　제가 그동안 창작해 온 작품들은 한 지역에서 삼십 년 가까이 살아오면서 늘 마주했던 산의 아픔과 울음이었고 자연을 섬기지 못한 세월들의 반성이었습니다. 그러나 첫 시집 '목련, 낮은 곳으로 오다.' 이후 십오 년 만의 외출을 감행하면서 남은 것은 '변명과 항변'의 두 단어로 정리되었습니다.
　첫 시집의 서평을 써 주신 '이끌림(시인, 문학평론가)' 님께서는 '자연에 몰입된 선경(仙境), 소통의 집 한 채를 건져 올리다.'라는 과분한 격려를 해 주셨는데 긴 세월이 지났지만 아직도 감사 인사를 드리지 못하고 살아가고 있습니다. 34년 교단에서 '지식보다는 지혜로운 삶을 살아야 한다. 자연을 지키는 삶을 살지 못하면 미래는 없다.'라고 제자들에게 목소리를 높여 왔는데 긴 세월 일구어 온 작품들은 자연 앞에 부끄러운 '변명'과 '항변'이었습니다.

  연전에 타계하신 이어령 선생님께서는 2008년에 발행한 첫 시집 '어느 무신론자의 기도' 머리말에서 '시는 후회를 낳고 후회는 시를 낳는다.'라고 하였습니다. 그렇습니다. 제가 시인으로 살아온 30년은 그런 시간이었습니다. 시인으로 살면서 이웃을 사랑하지 못하였고 자연과 함께하지 못하였고 질병으로 신음하는 사회를 외면하였습니다. 가슴이 아니라 입술만 담았고 속 글이 아니라 겉 글만 써 온 세월이었습니다.

  용기를 내어 산으로 가겠습니다. 미안했다고, 긴 세월 정말 미안했다고 용서를 빌고 세수를 하고 내려오겠습니다. 얼굴만 아니라 속 때까지도 씻어 내고 돌아오겠습니다. 부모님께 두 번째 시집을 올려 드리며 아내와 딸들과 사위와 동생들에게 감사 인사를 전합니다. 의정부문인협회 선생님들에게도 정중한 인사를 드리며 교직 생활을 마무리하는데 퇴임 후 솔수평이 제자들과 함께하는 삶을 살아가겠습니다.

2023년 8월 31일

申聖洙

제1부
새해

● 시인의 말

계묘년(癸卯年) ― 13
임인년(壬寅年) ― 15
신축년(辛丑年) ― 16
경자년(庚子年) ― 18
기해년(己亥年) ― 19
무술년(戊戌年) ― 20
정유년(丁酉年) ― 22
병신년(丙申年) ― 23
을미년(乙未年) ― 24
갑오년(甲午年) ― 26
계사년(癸巳年) ― 28
임진년(壬辰年) ― 30
신묘년(辛卯年) ― 32

제2부
봄 여름

어떤 입춘 __ 35
우수(雨水), 백석천, 그리고 봄 __ 38
봄꽃과 물고기 __ 40
어떤 응시(凝視) __ 42
山은 아무 말도 하지 않았다 __ 44
그 해 늦봄이었습니다 __ 46
오월, 그 거울 앞에 서다 __ 48
다시 목련에게 __ 50
멸치 __ 52
저는 낱말만 썼습니다 __ 54
오월단상(五月斷想) __ 56

목련을 깨우며 __ 58
목련아, 목련아 __ 60
까치와 목련(木蓮) __ 62
매실나무 __ 64
어떤 인사 __ 66
신호등 아래 네 사람 __ 67
山, 내려오다 __ 68

봄에게 말하다 __ 70
목련, 그루터기를 보다 __ 72
천안함 772호는 영원하라 __ 74
山, 눈물을 닦다 __ 77
철로(鐵路)를 향하다 __ 78
청둥오리를 조상(弔喪)하다 __ 79
64주년 현충일에 올리는 기도 __ 80
물고기를 찾다 __ 82
시인 정의홍 선생님을 우러르며 __ 83
광복 70년에 올리는 기도 __ 86
해바라기를 기다리다 __ 88
물을 들여다보다 __ 90

제3부
가을 겨울

나무를 우러르는 법 ― 93
나무를 우러르는 법, 두 번째 물음 ― 94
코로나19, 그 엄중한 교훈이여 ― 96
겨울에게 부탁하다 ― 100
낙엽, 보도블록 위에 눕다 ― 102
출근 ― 104
어떤 시비(是非) ― 106
산이 웃다 ― 108
9월의 약속 ― 109
전철 안에서 피에로를 만나다 ― 110
새벽, 까마귀 네 마리 ― 111
폐선(廢線) 선로를 응시하다 ― 112
어떤 반응 ― 113
어떤 변명 ― 114
어떤 조사(弔辭) ― 116
(弔詩) 장모님을 여의고 ― 118
통영, 그 바다에 있었다 ― 120
그날 통영에 비가 내렸다 ― 122
십이월이 오면 ― 124
이중섭 식당 ― 126

제4부

기도

성탄, 구유를 향하다 _ 129
주님 그 밤에 오시다 _ 132
제 탓이오 제 탓이오 저의 큰 탓이옵니다 _ 134
오월을 맞으며 _ 136
사랑의 우물 _ 138
오월 _ 141

제1부

새해

계묘년(癸卯年)

계묘년 새해 첫날, 나는 격리되었다.

코로나19 바이러스 확진,
인후통보다 힘든 것은 화를 다스리는 것이었다.

한 숟갈씩 뜨거운 죽을 넘길 때마다
통증보다 견디기 힘든 것은 원인을 찾는 것이었다.

그때였다.
작지만 분명한 목소리가 다가오고 있었다.

가여운 사람이여,
가까운 데서 찾으면 쉬운 것을
멀리서 찾고 누구 탓인가만 앞세우는
참으로 가여운 사람이여,

어디서 들려오는 소리일까.
처음에는 멀리서 들리는 듯하더니
금세 계단을 딛고 올라오기 시작하였다.

"당신은 격리 중이고 외출할 수 없습니다."

환자 안내문을 찾아서 읽기 시작하던 순간이었다.

문을 열라고
서둘러 열라는 큰 소리가 있었다.

새해였다. 새해가 데리고 온
검은 토끼 한 마리가 숨을 고르고 있었다.
그 순진한 눈빛으로
준엄하게 나를 꾸짖고 있었다.

사. 람. 들
자연을 제멋대로 한 결과라고

아니라고 말하지 말고 받아들이라는
분명한 목소리가 문을 두드리고 있었다.

"맞습니다. 제가 만들었습니다. 제 잘못입니다."

그러나 나는 어떤 대답도 못하였고
새해와 첫 선물인 검은 토끼도 외면하고 말았던
그해 첫 아침,

나는 그렇게 나를 격리하고 있었다.

(2023.1)

임인년(壬寅年)

임인년 첫날 홈쇼핑에서는 호랑이 담요 선전이 절정이었다. 칠팔만 원이면 온 가족이 넉넉한 사이즈의 흑 호랑이 한 마리를 함께 덮고 '기운 센 천하장사 무쇠로 만든 사람'이 되어서 흐뭇한 새해를 맞이할 수 있다는 것이었다. 문득 아내에게 선물한 요술 버선이 떠올랐다. 주문 후 처음 몇 날은 어깨를 으쓱거리며 아내의 만족한 웃음을 떠올렸다. 그러나 물건보다 먼저 도착한 것은 '기다리세요. 기다려야 해요.'라는 기계음이었고 여러 날만에 검정 비닐에 담겨 온 상품은 배신감이었지만 아내는 끝내 '반품'이라고 말하지 않았다. 새해 첫날 광고에 등장한 가족들은 정말 웃고 있는 것이었을까. 코로나19 바이러스는 불신과 두려움으로 새해를 시작하게 만들고 말았다. 문득 눈도 가리고 귀도 막는 마스크도 나오면 좋겠다는 생각을 하였다. 새해를 맞이해야 했다. 문을 열고 첫 일출을 담아야했다. 그러나 해를 맞이할 용기가 없었다. 더 이상 자연을 함부로 한 이유와 변명을 하면 안 되었기 때문에 결국 문을 열지 못했다. 텔레비전에서는 호랑이 담요가 매진되어 간다는 솔깃한 멘트가 계속되던 새해 첫 아침, 정말 부끄러웠다.

(2022.1)

신축년(辛丑年)

신축년 새해, 해의 첫 외출 준비는 넉넉하였다.

설달 그믐날, 오랜만에 달게 잠들었고 하늘과 바다가 그만 일어나라고 할 때까지 꿈도 꾼 듯하다고 말하였다.

사람들이 몰려들어 소원을 빌고 발을 구르며 빨리 나와 달라고 숫자까지 세며 재촉하던 일출 풍경이 사라지자 제법 여유 있게 세수도 할 수 있었다.

그러나 알 수 없었다.

새해라고 파도도 신명나게 해를 깨웠는데 무슨 일일까. 사람들은 어디로 갔을까. 해는 주변을 두리번거리기 시작하였다.

'코. 로. 나. 19. 바이러스,' 처음 듣는 뉴스였다.

그제야 궁금하기 시작하였다. 멀리 눈에 보이는 사람들마다 알 수 없는 것으로 얼굴을 가리고 침묵으로 해를 응시하고 서 있는 것이었다.

사람들이 자연을 함부로 하다가 만든 참혹한 대가라는 말을 듣자 처음에는 늘 가슴속 깊이 응어리져 있던 것이 시원하게 내려가는 것 같더니 금세 다시 체한 듯 속에서 뭉클하게 치밀어 오르는 것이 있었다.

문명이 발달하면 인간은 퇴보한다는 말이 이해되기 시작하였다.
가. 여. 운 사람들, 새해도 맞이하지 못하고 어디서 가슴을 치고 있을까.

해는 바다를 딛고 일어서다가 잠시 걸음을 멈추었다. 잠시였지만 길게 느껴진 시간이 흐르고 중천에 올라서서 길게 숨을 들여 마시고 소리치기 시작하였다.

사, 람들아. 다시 나와 마주하기 위해서 정직하게 용서해 달라고 그렇게 말하라고 준엄하게 나무라는 것이었다.

내 탓이라고, 변명하지 말고 분명하게 용서를 빌라고 말하는 것이었다.

(2021.1)

경자년(庚子年)

　그해 첫날은 영하 8도였다. 동파(凍破)를 대비해 틀어놓은 물소리는 새해라고, 서둘러 맞이하라고 나를 부르는 것이었다. 눈이 왔으면 했지만 찬바람만 어둠 속에 머물러 있었고 새해 첫 뉴스는 올해도 힘들게 읽히는 것이었다. 올해는 일출도 맞이하지 못했다. 재개발로 더 이상 산을 향하는 것은 부끄러움이었다. 산은 언제부터 불면에 시달렸을까. 거기 발을 내딛는 것은 산을 더 야위게 하는 것이라는 생각을 하였고 결국은 텔레비전으로 새해를 맞이하고 말았다. 산으로 향해야했다. 거기 계곡에 세수를 했어야했다. 차가운 물에 얼굴을 담그고 교만을 씻어내야 했으며 이웃을 배려하지 못하고 나만 앞세워 온 시간들을 반성해야 했다. 그러나 나는 새해 첫날부터 변명을 만들고 말았다. 성당도 가지 말아야했다. 통회의 기도가 아닌 습관이 되어 버린 손 모으기, 무릎도 꿇지 못하면서 소망만 앞세우고 있었다. 무서웠다. 낮은 곳으로 오신 주님을 우러르지 못하는 너는 누구냐는 준엄한 꾸짖음을 들으며 고개도 들지 못했던 회갑의 새해 첫날.

(2020.1)

기해년(己亥年)

아아, 장엄하여라. 백 년 전 삼월 일일
대한독립만세, 만세, 만세

삼천리 금수강산을 넘어 온 세계를 깨운
준엄한 목소리와 심장의 뜨거운 고동이 있어
총칼이 두려웠으랴. 모진 고문이 두려웠으랴.

대한민국은 자유와 평화의 나라, 자주독립의 나라
태극기를 우러러 죽음은 아름다운 승리
고귀한 피는 거룩한 산하에 꽃으로 피고
영원한 삶으로 길이 남은 숭고한 발자취

보라, 들으라, 기억하라, 이어가리라
백 년 전 오늘은 백 년 전의 시간이 아닌
바로 오늘이어라.
오늘 이 시간은 영원한 삼월 일일 그날이어라.

오늘도 겨레와 이 나라를 지키고 있는
순국선열들의 가르침을 가슴으로 새기라. 깊이 담으라.

아아. 찬란하여라. 위대하여라.
온 세계의 교훈이 된 비폭력 무저항의 삼일 운동이여.
그 백 년이여. 영원한 백 년이여.

(2019.1)

무술년(戊戌年)

　새해가 되어도 녀석은 그대로였다. 주는 대로 받아먹어서 가엾게도 앉은뱅이가 된 녀석은 내가 그렇게 만든 것이라고 생각하는지 다가갈 때마다 몸을 세우고 알 수 없는 질문을 해대는 것이었다. 때로 이해하기 어려웠다. 간식만 앞세우면 언제 그랬느냐는 듯이 전 주인에게 잘려나간 꼬리 부분을 흔들면서 억지로라도 일어서는 것이었다. 불쌍하다고 생각했어야 하는데 그러지 못하였다. 왜 내게만 곁을 주지 않는 것인지 다가오지 않은 이유는 무엇인지 말하라고 재촉하였지만 간식만 빠르게 입에 넣고는 다시 제자리에 앉아 심드렁한 표정으로 눈을 감아 버리는 것이었다. 대답을 기다리던 나는 어색한 행동을 감추기 위해 머리만 한두 번 쓰다듬어 보고는 돌아서고 말았다. 나는 녀석이 깨어나지 않도록 조금 떨어져서 살펴보기 시작하였고 혼자 답을 찾아보았다. 그렇게 거리를 둔 것은 늘 곁에 있어달라고, 외면하지 말아달라고, 가끔은 다시 걷도록 한 걸음씩 내딛는 것을 보아 달라는 뜻이었을 것이다. 문득 나는 잊지 말아야 하는 것을 너무 쉽게 잊고 있었다는 사실에 놀라고 말았다. 앉은뱅이를 만들어 놓고도 잘

못인 줄 모르고 짖는 것만 나무란 것이었다. 나는 녀석을 깨워서 정말 미안하다고 말했어야 했지만 말없이 돌아서고 말았다. 겨우 마음속으로만 곁에 있겠다고 그렇게 같이 있겠다고 믿어 달라고 혼잣말만 전하던 새해 첫날이었다.

(2018.1)

정유년(丁酉年)

보라. 머언 오백여 년 전 조국 산하를 지켜 내었던 선조들의 저 고결한 피를. 목숨이 소중하지 않은 사람이 어디 있으랴. 그러나 참말 기억하라. 왜적과 마주한 것은 홑옷 한 벌에 맨주먹이 전부였던 그 정유년. 아비가 쓰러진 자리에 아들이 당당히 맞서던 날. 주먹밥 한 덩이는 어미가 자식에게 전한 가장 고귀한 사랑이었으리라. 함께 살자고, 죽어서도 영원히 살자던 그해 정유년. 잊어버렸는가. 그 거룩한 피가 살아서 거름이 되어 곡식을 기르고 사람을 살찌운 것을. 더 이상 이 땅에 나만 앞세우고 이웃을 외면하는 부끄러움은 그만 거두라. 서로 손이 되고 마음이 되어 넉넉히 품어 안으라. 그 말, 그 다짐으로 시작하는 새해 첫날, 정유년.

(2017.1)

병신년(丙申年)

　병신년 첫 새벽, 연탄 여섯 장을 버린 후 숨도 고르지 않고 새해 첫 신문을 갖고 들어왔다. 습관은 무서운 것이다. 올해는 누가 일생 기꺼이 문인으로 살며 힘든 내려놓음의 첫발을 내딛었을까 하고 신문을 폈다. 이럴 수가. 신춘문예를 별지(別紙)로 대접해 주다니. 그래야지 암 대접받아야지. 흐뭇한 기분으로 고개를 끄덕이며 지면을 열다 그만 울컥하였다. 딸아이와 같은 또래의 여류가 '생일 축하해'라는 제목으로 삶을 우러르다 마지막에는 '기일 축하해'로 세상에 질문을 던진 것이었다. 그랬다. 작년 베스트셀러도 삶이 화두였고 모 대학 모의논술도 삶과 죽음이었다. 심사위원들은 소통을 당선 이유로 말씀하시었다. 참말 그랬다. 이 겨레가 작년 재작년 너무 아팠다. 함께하지 못하고 외면하였고 나를 앞세운 것이 너무 많았다. 나누어야 했었다. 품어 안아야 했다. 이웃을 더 생각했어야 했다. 새해 첫 새벽, 창자가 끊어져 가는 아픔으로 자식을 품어 안았던 그 어미 원숭이를 우러르자. 무리를 떠나 저 홀로 살아가지 않는 원숭이들의 가르침을 담자. 다짐하는 첫 새벽, 미나리 몇 조각에도 신명을 올리는 기니피그 한 마리. 녀석을 전부로 아는 큰아이는 새해 첫 새벽에 퇴근해 오고 있다.

(2016.1)

을미년(乙未年)

 아내와 나란히 등허리에 파스를 한 장씩 붙이고 딸들의 집에서 돌아섰던 을미년 새해 초사흗날 아침 광희문, 지난 밤 장보기에서 빠뜨렸던 것을 사러 나서던 나는 현관에 남은 집사람과 아이들의 발자국을 보고 울음을 참을 수가 없었다. 지난해 마지막 날 장모님을 문병하고 돌아오던 고속버스 안, 아내는 어둠 속에서 혼잣말로 '다시 제 통장이 비었어요. 큰애 두 달 밀린 적금 넣었어요.'라고 했다. 아내는 그랬다. 엄마인 아내는 그랬다. 친정엄마를 아파하면서도 아이를 걱정하였던 것이었다. 온종일 물에 손을 담그고 일하느라 손이 갈라 터진 큰아이는 아껴 써도 모자라요 하는 것이었고 지난 연말 작은아이는 스마트폰을 잃어 버렸다고 했다. 그랬다. 내가 그랬다. 애비인 나는 누구였을까. 아내의 깊은 속을 헤아리지 못하고 겨우 한다는 소리가 해가 바뀌면 회갑까지 오 년 남았다는 할 필요도 없는 소리로 가족들의 걱정만 늘여 놓고 있었던 것이다. 뭐 대단한 청소 거들었다고 몇 가지 장보기 하고 돌아오면서 파스를 사고 여기 붙여라 아니 그 위에 하면서 새해부터 위세를 부린 나는 정말 누구였을까. 아내는 또 그랬다. 그래도 가장이라고 먼저 파스를 붙여 주고는 저도 붙여 주세요. 하는 것이었다. 그때 잠에서 깬 작은아이가 바라보고 있었고 아이를 마주하기 어려웠던 나는 금세 고개를 돌리고 말았다. 고개를 돌리지 말았어야 했다. 거기 부끄러운 내가 전신 거울 속에 허리도 못 펴고 앉아 있었던 것이었다. 정말 그랬던 새해 초사흗날 아침이었다.

(2015.1)

갑오년(甲午年)

또 한 해는 밝았는가.
甲午年, 靑馬의 해 첫날
문득 머언 통영에 머문
靑馬 선생의 '깃발'을 떠올렸다.
선생은 왜 소리 없는 아우성이라고 했을까.
겨레를 깨우던 준엄한 그 가르침이 새해 첫 아침 살아서 다가온다.
지난 연말 마지막 송년모임은 마사회 근처였다.
한 해의 마지막 레이스에서도 별 재미를 못보고
소주 한 잔 값 겨우 남았을 사람들이
급한 술 한 잔과 거친 몇 마디로
서로 아쉬움을 쏟아 놓고 떠난 자리가 싫었다.
가여운 말들이여, 사람들을 용서하여라.
새해 첫날 나는 혼란스러웠다.
올해 첫발을 내딛은 젊은 시인은
발톱을 깎았다고 벅찬 소감을 적었다.
작년에 어느 시인은 '손톱 깎는 날'이라고 노래하였는데
그럴 것이다. 손발톱을 쉽게 깎을 수 있는 나이는 아름다운 것이다.

지난 연말, 손발톱을 깎고 나서 나는 안도의 한숨을 내쉬었다.
이젠 눈이 어두워 손발톱을 깎을 때면 벌벌 떨린다.
새해 아침 손발이 너무 시렸다.
시린 손발로 새해 첫 다짐을 하는 시간
올해도 말들은 경마장으로 나설 것이다.
말들은 무엇을 위해 달리는 것일까
세상을 겉으로만 보아온 나를 바라보았다.
경마에만 의지할 수밖에 없는 그 이웃들의 삶도 참으로 힘들다는 것을 깨닫자.
그렇게 올 한 해는 세상을 속속들이 살펴가며 담아보자.
진정으로 이웃들을 담아보자는 다짐을 하는 시간
텔레비전에서는 새해 첫 일출을 보도하고 있다.
급한 걸음으로 통영 바다에 달려가
그 차가운 겨울 바닷물로 세수를 하고 싶었다.
아아,
기도를 해야 하는데 갈증이 너무 심해 목이 아팠다.
제 탓이요, 제 탓이요, 저의 큰 탓이라고 가르쳐 주신 주님
용서하여 주시옵소서. 크게 나무라고 새 힘을 주소서.

(2014.1)

계사년(癸巳年)

화장실에서 올해 신춘문예를 읽고 일어서다가 그만 신문이 세탁기에 빠지고 말았다. 거기 계사년 첫해를 시작하는 신인 문우들의 사진이 물속에 누워 있었고, '손톱 깎는 날'도 둥둥 떠 있었다. 시인으로 첫발을 내딛으며 '아이처럼 엉엉 울었다고 했다.' 아마도 그럴 것이다. 이제 시가 무섭다는 것을 알기 시작했기 때문에 그랬을 것이다.

새해 첫날 서설을 보기 위해 들락날락하고 첫 일출을 기다리면서 텔레비전 채널을 돌리다가 깜빡 잠들어 쉰 세 해하고도 하루를 더 살아오면서 처음으로 여덟 시 사십 분에 화들짝 잠이 깨었다. 서설은 언제 내렸을까. 녀석들은 내렸던 눈 위에 허옇게 드러누워 있었고, 나는 서둘러 눈을 퍼 담아 차가 한 대쯤 지나갔고 한두 사람 지나간 타이어 자국과 발자국 위에 쏟아 부었다.

눈을 퍼 담아 내다 버리면서 문득 그런 생각을 하였다. 그렇게 깊이 잠들 수가 있다니, 어떻게 그 귀한 서설과 첫 일출을 보지 못했단 말인가. 나이 탓일까. 갑자기 그런 생각이 들었다. 나는 알 수 없이 속상했고 한 삽이라도 더 담아서 눈을 내다 버렸다. 눈을 쓸면서 요즘 들어 자꾸 작은 것에 집착하는 내 모습이 떠올라 더 마음이 상했다.

이젠 신문도 세탁기에 빠뜨려 새해 가장 깨끗한 작품들을 물에 적시고 말았다. 나는 빨래 사이에 혹시 시인의 손톱이 떨어져 있지는 않나 생각해 보다 또 치과에서 가르쳐 준 대로 양치질을 하지 못했다.

저녁에 다시 눈이 내리고 추위는 모질게 몇 날 더 계속된다고 했다.

그렇게 시작한 새해 첫날, 새해 첫 미사에서 뱀은 지혜의 상징이라는 강론을 들었다.

아마도 오늘 새벽 나는 깊이 잠들어 뱀처럼 구불구불 기어서 어딘가 다녀온 것이 틀림없었다.

(2013.1)

임진년(壬辰年)

보아라,
찬란한 새해 창공으로 차고 오르는
저 용을 보아라.

우뚝한 머리를 잠시 자랑하는 듯하다가
이내 기꺼이 고개를 숙이고
겸손한 자태로 다가오지 않는가.

드러내기보다는
한껏 내어주려는 저 용을 보아라.

억년 머언 기억의 저편
이 땅이 처음 생겼을 때부터
용은 우러름이었고 바램이었다.
다스림과 가르침의 상징이었다.

오늘 그저 솔깃한 옛이야기가 아니라
용은 더운 날숨으로 살아서
이 땅과 순백(純白)의 겨레들을 지키고 있는 것이다.

보아라,
새해 첫날 아침
용은 그 넉넉한 앞발을 모아
이 나라 산하를 위해 기도하고 있지 않은가.

올해는 더 나누자. 더 섬기자.
그렇게 낮추기를 즐거워하자.

괜한 신명으로 흑룡이니 하며
점잖은 저 용을 어찌하지 않는다면

용은
큰 그림자 그늘로
올 한 해 이 강산에 함께 할 것이다.

손 모으라. 기도하라.
담으라. 받아들이라.
용이다. 임진년 새해다.

(2012.1)

신묘년(辛卯年)

새해란 겨울 한 날 찬물 마시는 것이다.
쉬엄쉬엄 마시는 것이 아니고
단숨에 화악 들이마시는 것이다.
처음에는 입안부터 목까지 얼얼하다가
정신이 맑아질 것이다.

새해라.
회갑까지 십 년도 남지 않은 새해
정말 찬물 한 바가지 단숨에 마시고
정신 차릴 노릇이다.

마시다가 남은 물로 확확 낯을 씻도록 하자.
거울은 몰래 보기로 하자.

새해다.
무서운 새해가 왔다.

(2011.1)

제2부

봄 여름

어떤 입춘

새벽이었다.

입춘이라고, 그만 일어나야지
언제까지 겨울을 베고 누워 있을 것이냐고
쿵쿵거리는 센 발자국으로
창문을 두드리는 소리가 있었다.

산은 봄으로 향하고 있는데
지금 무엇을 하고 있느냐고
이월이 되었다고

처음에는 낮은 저음이었다가
금세 급한 고음으로
나를 깨우기 시작하였다.

신년 시 한 편 일구어내지 못했을 때는
그만한 까닭이 있었다고
정말 새해 들어 힘들었다고

그러나 내 변명 앞에서
소리는 준엄한 노여움이 되어
깊이 파고들기 시작하였다,

일어나서 보라고
나무들은 이 겨울
목숨을 다하여 땅을 지켜 내었는데
네가 한 것은 무엇이냐는 말이었다.

살아가면서 힘들지 않은 날들이 어디 있으며
이겨 내지 못할 고통 또한 없지 않으냐는 말이었다.

단 한 번이라도
알몸으로 겨울 산에 서서
자연의 가르침에
귀 기울여 보았느냐는 말이었다.

아프면 더 아파보라고
고통스럽다면 더 고통스러워 보라고
외면하지 말고
더 넓은 가슴으로 받아들이라고

서둘러 일어나서
세수를 하고 산을 향하라는 것이었다.

거기 계곡에서
그 작은 몸으로 얼음을 깨고
봄을 맞이하는
물고기도 있음을 보라는 것이었다.

(2019.2)

우수(雨水), 백석천, 그리고 봄

그해 우수(雨水) 절기는
봄이 다가왔다고, 그만 일어나라고
백석천에게
이제 어떻게 봄을 맞이할 것인가 묻기 시작하였다.

아파트 공사가 곧 끝나면
산이 내어주던 햇볕도 줄어들고
사람들 입주가 시작되면
늘어날 폐수(廢水)로
세수는 어디서 할 것인지
궁금하지 않느냐고
목소리가 높아져 갈 때였다.

조금만 조용히 하라고
아직 겨울잠에 들어 있는 물고기들이며
첫 손님으로 찾아온 청둥오리들 놀란다며
백석천은 '쉬잇' 하며 말하기 시작하였다.

사람들도 알고 있다고,
친환경 공법으로 살펴 가며 공사를 하였고,
산이며 계곡들에게 진심으로 미안하다고 했을 것이라고,

이제 새 보금자리에서
자연과 함께 넉넉히 살아갈 것이라고
믿으라고, 안심하라고 와도 된다고
봄에게 당부해 달라는 것이었다.

(2023.2)

봄꽃과 물고기

 봄꽃이 그렇게 말했다. 나는 언제나 네가 되어 주는데 너는 왜 내가 되지 못하느냐고. 물고기들도 큰 목소리로 말했다. 나도 언제나 네가 되어 주는데 너는 왜 내가 되지 못하느냐고. 무슨 말이냐. 여기 이렇게 담아 두지 않느냐라고 으쓱거리려다 그만 고개도 들지 못하였다. 언제까지 허락도 없이 우리 얼굴을 찍어다가 혼자 신명을 올리고 온 사방 천지에 보낼 것이냐라는 준엄한 목소리가 들리는 것이었다. 너희들이 함부로 자연을 휘젓고 다니다가 다 잃어버리고는 마스크에 백신에 뉴스가 진짜니 가짜니 하면서 애통함은 누구를 위한 조문(弔問)이냐 말이다. 우린 꽃을 피우려 하지 않았단 말이다. 너희들 손닿지 않는 산계곡에 숨어 있으려고만 하였단 말이다. 봄 오기 전에 몇 번이고 다짐하고 또 마음에 새겨 두었단 말이다. 그래도 또 그래도 '에이' 한 번 하고 가여운 사람들 품어 안으려고 나선 길, 자, 보라고 고개도 더 힘껏 들고 물 파장도 더 세게 일으키는데 너희들 사람들은 겨우 우리 얼굴만 담고 돌아서는구나. 가여운 사람들, 얼굴이 아니라 우리 가슴을 담으란 말이다. 가슴을 담고 정말 봄꽃도 되고 물고기도 되어 달라는 말이다. 그것이 그렇게 어렵고 힘들다는 말이냐. 사람들아, 사람들아.

(2021.6)

어떤 응시(凝視)

  벚꽃이었다.
  넉넉하게 만개한 낯빛을 사진으로 담고 돌아서는 순간이었다.
  잠을 깨우기 전에 미안하다거나 다른 인사를 먼저 했어야 올바른 것이 아니냐는 것이었다.
  내가 어떻게 봄을 준비했는지 물어보았어야지 하는 항변이었다.
  사. 람. 들
  무관심과 외면이 습관이 되어서 배려하고 다른 입장에 서 보는 것은 생각하지 못하는 가여운 사. 람. 들
  나는 아니라고 말하고 싶었다. 네가 겨울을 견디고 새봄을 맞이하기까지 얼마나 힘들었는지 잘 알고 있었다고 그렇게 대답하고 싶었다.
  그러나 무섭게 바라보는 눈빛과 저음이지만 준엄한 경고는 한 걸음도 앞으로 나아가거나 물러서지 못하게 하였다. 변명하거나 변명할 생각도 하지 말라는 것이었다. 그 자리에 그대로 무릎 꿇고 손을 모으라는 것이었다.
  바닥에 떨어진 살점들을 천천히 만져 보면서 남아 있는 체온을 느껴보라는 것이었다. 꽃잎을 피

운 자리와 뿌리를 내린 자리도 만져 보라는 것이었다. 그런 다음에 담아 가라고, 천천히 담아 가라고. 잠시 간직할 것이라면 절대 담지 말라고 그렇게 가르치고 있었다.

(2021.4)

山은 아무 말도 하지 않았다

재. 개. 발

정지(整地) 작업이 끝난 그해 사월
사람들의 탐욕 앞에서
山은 끝내 아무 말도 하지 않았다.

山 아래 살던 사람들
다시 돌아올 수 있을까.

어떻게 떠났을까.
山과 함께 살아온 시간들, 추억들
포클레인이 지나간 자리에
더 이상 추억은 남아 있지 않았다.

세간살이 하나 남아 있지 않은
거기 안골이 울고 있었다.

처음에는 사람들이 남긴 울음이라고 생각했다.
아니었다. 그것은 山이 우는 것이었다.
이제 남은 것은 야윈 살점 몇 점,
제발 더 이상은 안 된다고, 그만하라는
통곡이었다.

山을 지켜 주겠다고, 이방인들을 금지시켰던
그 날, 그 설렘 잠시
재개발의 명분(名分) 아래 손발이 잘려 나간
山은 아무 말도 하지 않았다.

고향을 떠나는 사람들에게
다시 돌아와 달라고
와서 지켜 달라고, 함께해 달라고.

사람들에게 모든 것을 내어 준
山은 그렇게 속울음을 토해내고 있었다.

(2020.5)

그 해 늦봄이었습니다

딸 아이 손을 잡고 첫발을 내딛던
늦봄 오월 스무 닷새 날
어떻게 보낼까 어떻게 헤어질까
의젓한 아이 앞에서 눈물이 들킬까
입술을 힘주어 물고
그저 마음으로만 다독거린 말
대견하구나. 참으로 대견하구나.
그래도 아직은 너를 보낼 때가 아니다.
보낼 수가 없구나.
이 손 놓을 수 없구나.
머뭇거리던 걸음
너를 길러온 스물일곱 해
옛 가르침에
자녀 되기 쉽고 부모 되기 어렵다고 했는데
정말 어떤 부모였을까. 부끄러운 고백
마음속으로만 깊이 남는 회한(悔恨)
잘 살아라. 잘 살아야 한다.
아내로 며느리로 부모로 살아가면서
살아온 시간의 무게보다 힘든 날 많으리라
기도하마.
네가 일구어 갈 소중한 사랑 밭 위해

연리지 사랑 혼인목 사랑 가꾸어 갈
그 찬란한 날들을 위해
사랑하는 딸아,
큰 박수로 격려하마. 넉넉한 마음으로 응원하마.
아아, 찬란하여라.

이 오월은 네 소중한 생일과
어른이 되는 첫발을 내딛은 달
축복하마. 축복하마.
사랑하는 딸아.

(2019.5)

오월, 그 거울 앞에 서다

오월 하루는 얼굴이며 심장을 뚜욱 떼어내서
햇빛에 널어 두고 적당한 크기의 막대기로 툭툭 쳐서
속 때까지 다 털어내고 제자리에 두도록 하자.

나이 육십이 되도록
어린이날이 아이들 그 찬란한 순수를 담으라는 뜻도 몰랐고
어버이날이 일생 정직한 부모로 살아가라는 뜻인 줄도 모르고 살았으니

정말 오월 하루는 깊이 들어찬 거짓말들을 꺼내어
흐르는 물에 텀벙 담가 놓고 휘이 휘이 흔들어 씻어
제자리에 두도록 하자.

오월은 꼭 그렇게 하자.
나무들이며 꽃들이 전하는 교훈을 무릎 조아리고 듣도록 하자.

사람들이 무섭다고, 떠올리기만 해도 덜컥 무너져 내린다고
　오월, 그 거울 앞에 서서
　굳게 굳게 다짐을 하자.

　어린아이들에게 기꺼이 배우겠다고
　귀 기울여 듣는 부모가 되겠다고

　자연을 섬기는 사람으로 살겠다고

　굳게 굳게 다짐을 하자.
　오월, 그 거울 앞에 서서

(2019.5)

다시 목련에게

결국 그렇게 떠나기 시작하는구나.
목련아, 정말 너를 알 수 없구나.

남은 봄날 아직 넉넉한데
분명한 이유도 들려주지 않는
그런 인사가 어디 있느냐 말이다.

네가 환한 낯빛으로 어깨를 으쓱거리면
사람들 야윈 가슴에 더운 숨결이 넘치고
발걸음도 가볍고 씩씩한 날들

찬란한 탄생과 절정을 우러르며
함성을 올리고 가슴 벅차던 낯빛

지나친 욕심인 것은 잘 안다.

네가 넉넉히 숨 쉬기도 힘들게 했고
자연을 제 것인 것처럼 함부로 했으니 말이다.

그래도 말이다.
한 번만 더 너그럽게 생각해 주렴.

자연을 함부로 하면
사람들 살 곳이 없다는
네가 전하는 준엄한 교훈을 깊이 새기마.

이렇게 손을 모으고 용서를 구하마.
조금만 더 머물러
웃음도 되어 주고 위로도 되어 주렴.

목련아, 목련아.

(2019.4)

멸치

손가락 관절염으로 발라내지도 못했다.
에미가 양념 잘 하더라.
얼마 안 된다.

꽃 진 자리에 초록이 절정으로 향하는 오월
어머니의 사랑을 받고 울었습니다.

계단에 두고 간 멸치 한 봉지
이젠 줄 것이 그것밖에 없다며

나 먹는 것이야 신경 쓰지 말라며
너희들이나 잘 먹으라는 그 귀한 뜻을
나이 육십이 되어도 헤아리지 못한
저는 그런 아들이었습니다.

지팡이를 의지하여
한 걸음 한 계단 오를 때
얼마나 힘드셨을까.

일생을 제 삶의 모두가 되어 주시고
힘든 길 기꺼이 앞장서 가시고
이젠 야위어 버린 어머니

멸치는 가르침이었습니다.
사랑이었습니다.
어머니였습니다.

(2018.5)

저는 낱말만 썼습니다

  까마귀들아, 출근은 해야지.
  그렇게 가로막고 있으면 어쩌느냐 말이다.

  그해 봄이 다 저물어가던 어느 날 아침이었다.
  올해는 또 무엇이라고 쓸 것이냐고
  무슨 이야기를 만들어서 세상에 내보낼 것이냐고
  분명한 대답하기 전에는 갈 수 없다는 것이었다.

  언제까지 눈에 보이는 것이 전부인 것처럼 함부로 드러내느냐고
  우리 마음이 무엇인지 아픔이 얼마나 되는지 헤아리지도 않고
  까마귀가 어떻다고 사람들이 어떻다고
  세상이 어떻다고 쉽게 판단하느냐 말이다.
  너로 인해서 상처 입은 날들이 얼마나 되는지 생각해 보았느냐 말이다.
  시를 쓴다고 시라고 이름 한다고
  부끄럽지 않느냐 말이다. 어떻게 낯을 들고 그렇게 씩씩하게 걷느냐 말이다.

  '저는 낱말만 썼습니다. 제 생각만 앞세웠습니다.'

그 말 한 마디만 하고 가라고. 진심을 담아서 큰 목소리로 말 하라고.
분노에 찬 까마귀들은 결코 물러서지 않겠다고 했다.

'저는 낱말만 썼습니다. 제 생각만 앞세웠습니다.'

그렇게 겨우 말하고 출근을 허락받았던 정말 부끄러웠던 어느 날이 있었다.

(2017.5)

오월단상(五月斷想)
— 세월호, 고귀한 영혼을 추모하며

새벽,
신문이 계단에 떨어진다.

뉴스가 부서지는 소리
사방 흩어진 뉴스가
계단을 올라와 현관문을 두드린다.

무서웠다.
사실 이 봄 나는 추락하고 있었다.

잊지 말았어야 하는 것을
너무 쉽게 잊어버렸고
외면하지 말았어야 하는 것도
모두 고개 저어 버렸다.

나는 문손잡이를 힘껏 쥐고 이겨보려고 했다.

가여운 팔과 다리여
문은 힘없이 열렸고
그만 뉴스에 파묻히고 말았다.

거기 잊지 말아야 했고
외면하지 말아야 했던
소중한 영혼들이 있었다.

나는 겨우 용기를 내어
용서해 달라고, 잘못했다고 빌기 시작하였다.

온몸이 떨리기 시작한 것은
새벽 차가운 바람 탓은 아니었다.

어디선가 이노옴 하면서
나를 일으켜 세우는 것이 있었다.

제대로 보라고, 잘 보라고
뜨거운 심장으로 보라고 하는
큰 소리가 있었다.

(2014.5)

목련을 깨우며

봄 사월은 목련이 누워서 하늘을 보는 것일까.
하늘이 내려와 목련을 보는 것일까.
녀석을 흔들어 깨워 묻는다.

네가 우러르는 것이냐
하늘이 네게 무릎을 조아리는 것이냐

부끄러운 질문에 녀석도 웃고
하늘도 웃는다.

비 지난 자리에
목련이다. 하늘이다.

신명대로 누워 있는 푸른 날숨과 새하얀 들숨들

찬란한 사월 봄이다.

거기 내가 눕는다.
등허리가 닿는 동시에 몸이 오그라들고 마는
알 수 없는 까닭

숨도 멈추고 눈도 더 세게 감아야 한다고
내가 나에게 말한다.

아아,
자유로운 우러름이여
봄이여. 큰 가르침이여

목련아,
하늘아.

내가 더 낮추어야 하는 분명한 이유여.

(2014.4)

목련아, 목련아

목련아,
너 그렇게 지고 말면 어찌하느냐.

뭐 한 마디라도 남기고
떨어져 눕든가 말든가 해야지.

사실 바빠서
올봄은 네게 눈길 한 번 못 준 것인데

그렇게 온 듯 가 버리면
참말 너 보기 미안해서 어찌하니.

목련아,
내 급한 성격에 너를 한 번 쥐고 흔들고 싶어도
속상한 마음에 발 한번 구르고 싶어도
네 야윈 살점 다 떨어질 것 같아
이렇게 마음으로만 이별하는데

아아,
그래서 영랑께서는
'찬란한 슬픔의 봄'이라고
노래했으리라.

오늘도 애꿎은 바람만 탓하고 돌아선다.

바람아,
이미 봄이 천지 가득한데
시샘 그만하고 쉬어라.

거듭 당부하는 까닭
알겠느냐. 고개 돌리지 말고
그래 하고 대답해 주렴.

분명한 목소리로 하되
목련 조금이라도 더 보게
작은 날숨으로 해 주렴.

(2014.4)

까치와 목련(木蓮)

봄 사월 아침
까치 한 마리 내려온다.

날개 짓으로 기지개 켜는데
그 소리에 목련이 놀라 떨어진다.

바라보던 까치가 재미있다는 듯이
종종 걸음으로 땅도 쿵쿵 울려 본다.

가여운 목련이여
그렇게 쉽게 더운 목숨을 내주고 마는가.

큰 가지를 휘이 저어
타악 한 번 내려치면 될 것을

……

까치가 웃는다.
날씬한 부리를 벌리고 까르르 웃는다.

야윈 발목으로 목련을 짓누르고 있다.
가지에 남은 목련들
일제히 잠에서 깨고 서로 단단히 어울린다.

까치 다시 날아오르는데
목련은 어디서 오늘 한 날을 살까.

(2014.4)

매실나무

죽지 않고 살아 있었구나.
미안해, 정말 미안하고 고맙다.
지난 해 가지가 잘려진 매실나무에 새순이 돋았다.
처음에 녀석의 살점들이 베어진 자리를 볼 때마다 더 이상 상처가 아물고 새살이 돋는다는 것은 생각도 못하였다.
지난 이월 추위와 때 이른 더위 등 불순한 일기 속에서 녀석이 살아난다는 것은 생각도 못하였다.
그러나 참말 그러나 봄이다 하며 보란 듯이 고운 낯빛의 속살을 드러내기 시작하더니 금세 베어진 자리를 찾지 못하게 될 정도였다.
나는 멀리서도 바라보고 가까이 다가가서도 좋아라 하고 고맙다 하였다.
그러면서 거듭 미안하였다.
처음에 왜 그렇게 가지들을 베어내야만 했을까. 나란히 서 있는 친구들끼리 때로 엉키기도 하고 부딪히게 두어도 아무 문제가 없었을 것인데 그렇게 한 까닭은 무엇이었을까.
자연 앞에서 참말 아무 드러낼 것 없음에도 왜 사람들은 부끄러운 줄 모를까.
사람들이 저지를 교만의 끝은 어디일까.

나는 생각도 정리하지 못한 채로 매실나무에서 등을 돌렸다.

 갑자기 바람이 세게 내 등을 잡아당기는 것이었다. 매실나무들이 우우웅 울기 시작하였고 멀리 목련에서 까마귀 한 마리가 하늘로 올랐다.
 나는 뿌리치지도 못하고 버둥거리며 얼마간 서 있었다.

 어느 윤삼월 어느 봄날 학교 교정.

(2012.5)

어떤 인사

벚꽃이 떨어져 밟으면 꽃들이 아파할까봐 피해서 걷다가 그만 약속에 늦었습니다. 왜 늦었느냐고 묻자 그렇게 말하였더니 만나기로 했던 사람도 고개를 끄덕여 주어 꽃들이 떨어져 누운 길을 조심조심 걸었습니다. 밀렸던 이야기도 작은 목소리로 천천히 말하고 웃음은 입을 가리고 소녀처럼 시늉을 내보았습니다. 벚꽃이 조금이라도 더 나무에 달려 있기를 바라는 마음입니다. 벚꽃도 넉넉한 날숨으로 우리를 내려다봅니다. 넉넉한 봄입니다. 그렇게 함께 살았으면 좋겠습니다. 자연도 사람도 모두 기꺼운 어깨동무로 지냈으면 좋겠습니다. 너무 쉽게 잊어서는 안 되는 것을 잊고, 간직해야 하는 것을 잃고 있습니다. 나는 벚꽃에게 손을 내밀었습니다. 동행하던 사람도 아하 하고는 같이 손을 내밀어 주었습니다. 벚꽃이 두 손을 내밀어 맞잡습니다. 성큼 한 걸음 더 다가와줍니다. 기뻤습니다. 함께 큰 소리로 야아 소리 지르다 낮잠이 들었던 바람을 깨우고 말았습니다. 그래도 좋았습니다. 서로 함께 있기로 했으니까요.

(2014.4)

신호등 아래 네 사람

  봄꽃도 잠에서 깨지 않은 일요일 새벽
  신호등 아래 할아버지 두 분과 할머니 두 분이 서 있었다.
  할아버지들은 살아온 시간만큼 오래 되어 보이는 짐자전거를 붙들고 있었고 할머니들은 세월의 무게만큼 굽은 허리 같은 작은 유모차에 의지하고 있었다. 문득 나는 그 분들의 손을 잡고 싶었다. 수많은 날 눈물과 땀을 닦으며 마음으로 다스려 왔을 인고의 시간들, 가족들이기에 기꺼이 모으고 낮추었으며 터져 나오는 원망과 한숨도 가렸을 것이다. 손가락질하기보다는 손가락질 받지 않으려고 살아온 날들, 가족들 앞에 부끄럽지 않으려고 참고 또 다스려온 날들. 그래도 정말 가끔은 가슴을 치면서 긴 세월을 이겨내었을 것이다. 생수 한 병이 얼마나 한다고, 그러나 가족들이기에 기꺼이 새벽 약수터를 향하는 것이리라. 이제 허리와 관절이 상하여 빈 몸으로 길을 건너기도 쉽지 않은 세월, 신호등이 바뀌었다. 서로를 살펴가며 의지하여 길을 건너기 시작하는 할아버지, 할머니들을 금세 세수를 마친 햇살이 넉넉하게 동행하고 있다. 천천히 건너시라고 봄도 함께하고 있었던 어느 날 새벽.

(2017.5)

山, 내려오다

야윈 산이 내려오기 시작하였다.

사람들에게
살점이란 살점 모두 다 내어주고
식을 대로 식은 날숨만 가지고
느린 속도로 한 걸음씩 내딛기 시작하였다.

산이 움직이자
아직 겨울에 머물러 있던
계곡이며 나무들이
화들짝 놀라 잠에서 깨는 것이었다.

녀석들은 두리번거리며
산을 궁금해 하였다.

산은 '쉬잇'하더니
조심스럽게 손을 뻗어
계곡과 나무들을 부르는 것이었다.

녀석들은 갑자기 왜 그러느냐고 물어보려다
아무 말도 할 수 없었다.

너무도 센 힘으로 손을 잡았기 때문이었다.

계곡과 나무들까지 움직인 자리에
사람들 발자국만 남았다.

(2014. 4)

봄에게 말하다

봄아,

어쩌면 좋으냐 말이다.
너는 해마다 같은 낯빛과 더운 날숨으로 다가오는데
나는 말이다.
소위 말해서 세상 만물의 으뜸인 사람 중 하나라고
으쓱거리는 나는 말이다.
새로운 계절이 다가와도 마중할 줄 모르고
그저 오는가 하고 의미 없이 바라보고 있구나.

자연의 신비가 얼마나 놀라운지
자연의 가르침이 얼마나 엄숙한지
나이가 들수록
깨닫는다고 하면서도 무기력하게 받아들이고 있구나.

일본 대지진의 참상 앞에서
일본에게는 참으로 미안하나
그것은 자연재해인 동시에
좀 더 편하게 살려고 난개발한
우리 사람들을 바로 가르치려는
자연의 교훈은 아니었을까.

봄아,
그래도 네가 계절의 맏이인데
부끄러워 어쩔 줄 모르는
내가 바로 서서 바라볼 수 있도록
크게 꾸짖어 보아라.
세게 쥐고 흔들어 보아라.

자연이 진짜 무서운 줄 알아야 하고
자연 앞에서 사람들이 얼마나 내세울 것 없는지
큰 목소리로 가르쳐 달란 말이다.

인류애로 품어 안아야 할
일본의 저 그치지 않는 눈물은
우리나라도 언제든지 받을 수 있는
자연의 중벌(重罰)임을 깊이 깨닫게
준엄한 목소리로 나무라 달라는 말이다.
꼭 뭐라고 한 마디 가슴에 세게 못 박아 달라는 말이다.

(2011.3)

목련, 그루터기를 보다

녀석이 죽었다.

허리가 뒤틀려서 제 혼자서는 하늘도 우러르지 못하고,
곁가지 하나 겨우 내어서 서로 의지하며 자라던 녀석을
누가 그렇게 했을까.

학교 뒤 언덕
나는 참 오랫동안 녀석을 바라보았고
마음에 담았고, 많이 배웠다.

제 친구들이 자리한 햇살 넉넉한 곳에서 밀려나서도
작은 풀들에게 그늘이 되어 주고
때로 그림자도 되어 주고
제 속살 기꺼이 나누어 주던
그 씩씩한 낯빛을 도저히 잊을 수 없었다.

사실 녀석이 그렇게 되고 난 후에야
그 사실을 알았다.

하늘을 향하고 언덕 풀들을 지키던
그 넉넉한 가지들은 어디로 갔을까.

수액마저 마른 그루터기를 향한다.
문득 녀석이 뿌리를 드러내고
나를 노려볼 것 같은 생각이 든다.

무섭다.

녀석의 살점 몇 개가 움직이고
감은 눈이 떠질 것 같다는
생각,
잠시 움찔하다가 무릎마저 굽히지 못한다.

목련아,
내 죄는 아니다
아니란 말이다.

그걸 말이라고 답이라고 하고 있다.
울면서 말이다.

다시 일어나라고 꼭 그렇게 해 달라고
뒤늦은 빈 인사만 속으로 하는 것이다.

(2010.4)

천안함 772호는 영원하라

사랑하는 조국이여 잘 있으라.
사랑하는 부모여 편안하시라.
사랑하는 아내여 진정으로 사랑했노라.
사랑하는 아이들이여, 형제들이여
진정으로 전하노라. 사랑했었노라고

그러나
참말 그러나 작별 인사 없이 떠나 미안하였노라.
사랑하는 조국 바다에 나 잠들었노라.

찬란한 조국 산하
영원히 지키겠노라 못 다한 인사 전하노라.

아아,
천안함의 마흔 여섯 호국영령들이여
그대들은 영원히 살아있노라고
감히 우러러 불러 보노라.

그대들 앞에 너무도 부끄러워
고개도 들지 못하고
용서의 기도도 올리지 못하노라.

한 마디만 한 마디만 꼭 전하고 떠나 주기를
소망하노라. 소망하노라.

우리가 사랑했던 것처럼
이 조국 혼신을 다하여 지키고
받들어 가라고
더운 당부의 말 한마디 전하고 떠나 주기를

아아,
그러나 그대들은 정녕 아무 말이 없는가.
우리 이렇게 부끄러운 죄인 만들고 떠나고 마는가.

천안함 772호 호국영령들이여
영령들이여,

조국 산하, 진정을 다하여 지키던 바다
이제 우리가 힘을 다하여 지키겠노라.

다짐하노라. 다짐하노라.

가슴으로 깊이 담는데
터지는 눈물 그치지 않아
가슴만 치다가 가슴만 치다가

속죄의 인사
부끄러운 손 모아 올리노라.

(2010.4)

山, 눈물을 닦다

　山은 이제 그만 울기로 했다. 아파트 공사장 소음으로 불면의 긴 시간을 보낸 어느 초여름, 山은 숲들이 부지런하게 초록으로 갈아입는 것을 보면서 이해할 수가 없었다. 계곡물이 야위어 물을 마시거나 세수도 쉽지 않은데 그렇게까지 힘들게 나들이를 준비하는 이유를 알지 못하였다. 그래도 맞이할 준비를 해야지요. 코로나19 바이러스로 일상을 잃어버렸던 사람들, 받아 주어야죠. 힘들었던 모든 것들 다 내려놓고 가라고 해 주어야죠. 소리도 지르고 큰 기지개도 넉넉하게 하게 해 주어야죠. 수고했다고 등도 두드려 주고 내려가게 해 주어야죠. 한 번 더 믿어 보도록 해요. 자연의 소중함을 절실히 느꼈을 거예요. 사람들, 발소리와 심장 박동이 기다려지네요. 서둘러 나뭇잎마다 물들인 초록이 잘 마르게 하겠습니다. 햇볕도 견딜 만합니다. 사람들과 함께 살아가는 것, 설렘입니다. 그해 초여름, 山은 앞으로 울지 않기로 굳게 다짐을 했다.

(2022.6)

철로(鐵路)를 향하다

  애들아, 얘들아. 들었느냐 말이다. 다시 보란 듯이 열차를 달리게 한다는 뉴스 말이다. 잠을 깨고 모여 보아라. 귀 기울여 들어보아라. 바람을 쉬익 가르고 뜨거운 날숨으로 달려온다는 소식 말이다. 얼마나 기다리던 소식이냐. 녹이 슬었다고 우리 살점들을 모두 도려내 버릴까 불면의 날마다 얼마나 조바심이 나고 무서웠냐 말이다. 이제 다시 목욕도 정갈하게 시켜서 맞이하게 해 준다는 말이다. 정말이다. 고개 젓지 말고 끄덕여 보란 말이다. 믿지 못하겠다고. 믿을 수 없다고. 맞아, 그렇지. 사람들이 외면한 날수와 쓰레기들을 세는 것보다 잊는 것이 차라리 나을지도 모르겠다. 그래도 말이다. 한 번 더 믿어보자는 말이다. 사람들 얼마나 가여우냐 말이다. 멋대로 세상을 함부로 하다가 마스크로 부끄러움을 가리고 이제야 서로 손을 맞잡고 가슴으로 울며 미안하다고. 자연 앞에 용서를 구하는 저 사람들에게 넉넉한 마음으로 등 한 번 두드려 주자는 말이다. 추억 한 번 만들어주자는 말이다. 네가 먼저 손 내밀어 주라는 간곡한 당부의 말이다.

(2021.7)

청둥오리를 조상(弔喪)하다

　백석천, 백로 한 마리가 제 날개로 작은 바위 하나를 가리고 있었다. 더위는 이른 시간부터 해 보자고 낯을 들었는데 그늘로 날아가지도 않고 한참을 그 자리를 지키고 있는 것이었다. 무슨 일로 움직이지도 않고 가끔 고개만 돌리고 있는 것일까. 나는 조심스럽게 발걸음을 옮겨 보았다. 그때였다. 백로가 알 수 없는 소리를 질렀고 날개도 한두 번 퍼덕이는 것이었다. 날개 사이로 보인 것은 청둥오리의 주검이었다. 녀석은 왜 거기서 삶을 마감했을까. 오월, 유월 비도 자주 내려 수량(水量)이며 물고기도 넉넉했는데 제 무리로 돌아가지 못한 이유는 무엇이었을까. 마지막 숨이 멎어갈 때 얼마나 힘들었을까. 힘을 다하여 제 무리들을 찾았을 것이다. 한 번만 날개를 잡아 달라고, 창공은 아니더라도 물 위를 헤엄치게 해 달라고. 백로가 아니었다면 눈을 감지도 못했을 것이다. 백로는 낯선 방문객에게 묻기 시작하였다. 묻어 줄 수 있느냐고 그렇게 해 줄 수 있느냐고. 머뭇거리는 내게 날카로운 목소리로 준엄하게 다시 묻기 시작하였다. 그렇게 해 줄 수 있느냐라고.

(2021.7)

64주년 현충일에 올리는 기도

아아, 숭고하여라.
64주년 현충일,
호국영령들이여 꾸짖어 주소서

저는 겨레와 조국을 위해 기도하지 못했고
언제나 높아지려고 했고 내 잘못은 없으며
조기를 게양하면서 단 한 번도
가슴이 뜨거워지지 못하였습니다.

부끄러움도 모르고 변명은 습관이 되었습니다.
선열들께서 장렬하게 목숨을 바치어
그 거룩한 피로 세워진 삼천리 금수강산임을 잊었습니다.

그러나 오늘은 하늘 우러러 용기를 내겠습니다.
힘주어 땅을 딛고 서 있겠습니다.

제 생명은 겨레와 조국의 것
그렇게 살아오지 못한 날들을 반성하며
무릎을 꿇고 용서를 빌겠습니다.

날숨과 들숨, 심장의 고동 소리
모두 겨레와 조국의 것이라는 것을
마음에 깊이 새기겠습니다.

걸음을 서둘러 계곡으로 달려가
얼굴을 씻고 큰 소리로 말하겠습니다.
겨레와 조국 앞에 당당하게 살아가겠다고
믿어달라고
산에게 말하겠습니다.
숲에게 말하겠습니다.

(2016.6)

물고기를 찾다

 녀석들의 집은 어디일까. 계곡에 발을 담그다 문득 나를 피해 달아나는 물고기를 보면서 느낀 생각이었다. 녀석들은 틀림없이 몸을 눕힐 자리를 마련해 두었을 것이라고 생각하니 정말 놀랍고 궁금하였다. 물이 출렁이던 잠시 고요한 계곡, 물고기들이 바위 틈 사이에서 조심스럽게 나오기 시작하였다. 나는 녀석들이 무엇을 하는지 들여다보다가 무서웠다. 녀석들은 서로 힘을 모아서 내 발자국을 밀어내고 있었던 것이다. 나는 정말 놀랐고 중요한 사실을 알게 되었다. 내가 자연의 주인이 아니라는 것, 절대로 함부로 해서는 안 된다는 가르침 하나를 얻었다. 나는 발자국이 함부로 버려진 것을 어떻게 하지 못하고 말없이 물고기만 바라보고 있었다.

(2018.7)

시인 정의홍 선생님을 우러르며

1.
내 나이 열일곱
문학으로 첫발을 이끌어 주셨던
선생님,

아아,
선생님 가슴 살점 도려내 가며
흰 머리 만들어 드린 것이
몇 번이었을까.

한 줌 시구(詩句)만 남기고
홀연히 하늘 가신 봄날
선생님 홀로
영전에 계시게 해 드리고
죄 많은 제자는
소리 내어 울지도 못하였다.

참말 다시는 들을 수 없을까
넉넉하던 문학의 가르침

애통한 밤 겨우 힘을 내어
빈 술잔만 올려놓다가
그만 울고 말았다.

선생님,
아아, 그리운 선생님.

애곡(哀哭).

2.
벌써 스무 해가 지났는가.

하세(下世)하던 그 봄날도
스무 해 추모일에도
또 늦은 연락을 이유로
뵈러 가지 않았다.

너무하셨습니다. 선생님
왜 저는 못 오게 하신 것입니까.

'하루만 허락받은 시인'

왜 그렇게 이름하시어
마지막 시집이 되게 하고
한국 문학의
큰 울림으로 남지 못하시고
허망하게 가셨습니까.

친구 인편에 받은
고귀한 책을 읽다가
혹시라도 울음이 새어 나갈까 봐
빗소리 더하면 울고
잦아들면 숨을 참고
용서를 빌었습니다.

이제
영원의 세계에서
넉넉한 글밭 일구며
죄 많은 제자 내려다보고 계실
선생님,

감히 무릎 꿇고 손 모아
영전에 다짐합니다.

부족하더라도 부끄러운 시인으로 살지 않겠습니다.
허명(虛名)은 남기지 않겠다고

가슴을 치고 또 치며
다짐하는 어느 초여름밤.

(2016.6)

광복 70년에 올리는 기도

보라,
여기 광복 70년을 맞는
대한민국 오천만 겨레가 흔드는
벅찬 감격의 태극기들을

기억하라,
후손들에게
나라 잃은 슬픔을 물려주지 않기 위해
선열들이 흘린 고귀한 피와 눈물을

얼마나 감격스러운가
지난 봄 '아시아 리더십 콘퍼런스대회'*에서
한반도의 운명을 바꿀 다섯 가지 힘으로
통일, 나눔, 여성, IT, 문화의 대주제로

전 세계의 리더들이 모여
이제 지구촌의 리더가 대한민국이라고
팍스 코리아나 시대라고

그러나 그러나
들으라, 귀 기울여 들으라

아아, 참으로 가슴 아픈
분단 70년 이산가족들의 한 맺힌 피눈물을

다짐하라 약속하라
반드시 평화통일을 이루어
후손들에게는 절대로 분단의 아픔을 물려주지 않겠다고

우러르라 진정 우러르라
백두에서 한라까지
서해에서 동해로 남해로
반만년 이어 내려온 찬란한 역사를

아아, 기도하라
오늘도 살아서 조국 대한민국을 지키고 있는
순국선열들을 위해
가슴으로 뜨거운 심장으로

기도하라. 조국 광복 70년, 그 소중한 의미를

＊아시아 리더십 콘퍼런스대회 : 2015년 5월 19~20일 조선일보 주최.

(2015.8)

해바라기를 기다리다

비야,
이건 해도 너무한 것이 아니냐.
사람들이 아무리 잘못했어도
입추가 지난 지 몇 날이 되었음에도
여전히 너를 걱정하고 있으니
이제 그만 서운한 것, 노여운 것 거두어 가 주렴.

나는 오래전부터 해바라기를 기다려왔다.
네가 꼭 그렇게 계속한다면
여름 남은 날 끝내 마주하지 못하고 말 것이다.

비야,
네가 생각해도 멋지지 않느냐
여름 남은 날
진노랑 환한 낯빛으로 하늘 우러르고 서 있는 모습
설레지 않느냐

멋진 자태를 자랑할 듯하다가
금세 고개를 숙이고
겸손을 가르치는 모습
좋지 않으냐

설익은 가을바람에 그 큰 몸이 넉넉히 흔들릴 때
바람에 맞서기보다 제 몸을 기꺼이 내어주는
해바라기다. 해바라기란 말이다.

비야,
다른 말이야 덧붙이면 뭘 하겠느냐
사람으로서 자연 앞에 지은 죄가 많아
욕심을 낸다면 그 자체가 잘못된 것이다.

그러나
참말 조심스러운 바람이다.
해바라기를 본 일이 너무 오래되었다.
그 진노랑 환한 낯빛 한 번 만나게
한 번만 양보해 달라는 말이다.
비야.

(2011.8)

물을 들여다보다

 낮잠이 든 계곡 물은 저를 깨우려는 바람소리나 간질이고 달아나는 물고기에도 아무 반응도 없이 씩씩하고 여유로운 낯빛으로 누워 있다. 고요함 속의 장엄함, 물은 나를 가르친다. 여기 누워 보라고. 누워서 하늘을 우러러 보라고 한다. 거기 몸을 눕힌다. 누워서 보는 하늘이 많이 낯선 까닭은 무엇일까. 생각에 잠기는 잠시 갑자기 나를 흔드는 손이 있다. 깨어서 보라고, 오래 담아 두라고 한다. 외적인 것의 채워짐이 아닌 내적인 채움의 소중한 의미를 깨달으라는 가르침 얻는다. 일어서서 물을 향한다. 괜찮으니 씻어 낼 것이 있으면 모두 비우고 내려가라고 한다. 겨우 손을 씻고 발을 담그고 돌아서는데 산이 잠에서 깨는 소리에 놀라는 나무들 몇 그루. 거기 머물렀던 새들이 바쁜 날갯짓으로 하늘로 씩씩하게 날아오르는 어느 오후.

(2014.6)

제3부
가을 겨울

나무를 우러르는 법

나무에게 물어보았습니다.
설익은 나뭇잎을 떨어뜨리는 이유가 무엇이냐고
아직 가지에 달려서 햇빛과 수분을 넉넉히 받고
노랗고 붉은 낯빛으로 사람들이며 새들도 불러 모으게 해야지
네 속살을 떼어내어 여린 잎사귀를 키워 내더니
그렇게 쉽게 외면하고 마음 편하였는지
네게 매달려 있으려고 얼마나 간절했을까.
아직 세상으로 한 발도 내딛지 못했는데
바람에 날려서 가면 돌아오지 못하는 것도 모르는데
떨어진 네 살점들 아직 온기도 남아 있는데
고개 한 번 숙이고 손 내밀어
품어 안아 주면 정말 안 되겠느냐.
아직 울 줄도 모르는 어린 것들이다.
그렇게 하지 말아라. 간절한 당부이다.
뭐라고 답을 해 보란 말이다. 말해 보란 말이다.
너무하구나. 그럴 수는 없는 것이다.
나무야, 나무야

(2021.9)

나무를 우러르는 법, 두 번째 물음

나무가 제 속살을 떨어뜨리면
몸은 가벼워질까 아니면 무거워질까.

떨어진 낙엽들을 보면서
나무는 어떤 생각을 할까.

나이가 들어갈수록 하지 않아도 되는
스스로의 질문에서 벗어나지 못하는 까닭은 무엇일까.

나무가 제 군살을 덜어내는 것은
가벼운 몸으로 겨울을 맞이하려는 것이다.

그저 그렇게 바라보면 편안한 것을
언제부터인가
계절을 맞이하고 보내기가 힘든 알 수 없는 이유,

그 해 상강(霜降) 절기 아침
후우 숨을 한 번 쉬고 가슴을 쓸어내리는데

'그만' 하는 소리에 놀란다.

제 어깨에 매달려 있던
까마귀 몇 마리를 내려놓은 나무가 말했다.

눈으로 담지 말고 가슴으로 깊이 담으라고
모두 다 내려놓고 나를 보라고
나무는 그렇게 말하는 것이었다.

(2021.11)

코로나19, 그 엄중한 교훈이여

하나.

어느 교수님은 그렇게 강조하였다.
인간, 환경, 사회가 모두 넉넉해야 진정한 유토피아라고
그러나 결국 우리는 자연을 함부로 하다가
가족, 이웃, 친구들과 담을 둘러치고
사회와 단절하고 말았다.

치료제는 물론 예방약도 없어
가슴을 치고 발만 구르다
마스크에 생명을 의지하게 되었다.

왜 가장 쉬운 교훈을 잊고 살았을까.
환경이 파괴되면 숨쉬기부터 쉽지 않은데
이제 온 세계는 마스크맨이 되어
불편한 숨 쉬기를 일상화하고 있다.

둘.

가여운 인간들이여.
어느 작가는 '숨 쉬는 것들의 역사'라는 책에서 인간을 가장 미약한 존재라고 하였다.
오늘도 코로나19는 경고하고 있다.
만물의 영장은 인간이 아니라고. 진정 그런 인간들은 아니라고

셋.

신간 한 권을 학생들에게 소개하고 부끄러웠다.
'코로나 사피엔스'
신 인간형 시대에 살고 있다고
창피한 줄도 모르고 목소리를 높이다 울컥하였다.
마스크가 아니었으면 입을 가리지도 못했을 것이었다.

행동은 없고 말만 앞세워
환경이 파괴되면 사회가 무너지고
결국 인간은 살 곳이 없어진다고
그럴 듯한 위선과 변명이 습관이 된 줄도 모르는 내가 무서웠다.

넷.

오늘도 재개발 공사는 힘을 더하고 있다.
편안함과 편리라는 논리 앞에서
언제나 자연은 순위에서 밀려나고 잊히고 있다.

광고는 늘 합리적이다.
친환경을 강조하고 산을 마주한 그린하우스라고
정말 한 번쯤은 미안했어야 했다. 부끄러워야했다.
산을 함부로 하기 전에
그래도 되겠느냐고, 이해해 주겠느냐고
물어보았어야 했다.

다섯.

물고기들은 어디서 동면을 마치고 왔을까.
장마와 태풍에도 그 작은 녀석들은 씩씩하다.
날씬한 몸으로 으쓱거리며 인간들을 향하고 있다.

무섭다.

그 작은 눈동자들이 살아서 노려보고 있다.
자연을 함부로 하지 말라고 준엄한 경고를 하고 있다.
서둘러야했다.
바이러스가 물고기를 향하지 않도록 거기 시냇물에 뛰어 들었어야했다.
그러나 용기가 없었다.
서두른 것은 겨우 마스크였다.

(2020. 9)

겨울에게 부탁하다

1.
어찌 그렇게 모진 것이냐. 겨울아, 그만하여라.
저 여린 꽃들이 가엾지 않느냐
꽃들이야 목숨을 다하여 삼동(三冬) 이기고
봄 되어 씩씩하게 나들이 나온 것뿐
그 고운 매무새를 그렇게까지 했어야 하느냐
바람에 흩어지는 제 속살을 추스르지도 못하고
다시 야위어가는 저 모습을 어떻게 위로할 것이냐

물론 네 마음을 모르는 것이 아니다.
사람들이 봄꽃으로 신명을 올릴 때
외면당한 네 심정이야 얼마나 아프겠느냐
그렇지만 조금만 마음 다스려 주렴
너를 이겨낸 봄꽃도 몇 날이면 시들고 말지
손 모아 부탁하마.

2.
마지막으로 남긴 것은 메시지였다.
강풍과 세찬 빗소리는 준엄(峻嚴)한 경고였다.
자연은 너희들 것이 아니라고
그렇게 함부로 하지 말라고
겨울은 그렇게 떠났다.
나는 어떻게 해서든지 대답을 했어야 했다.
그러나 결국 아무 말도 하지 못했고
남긴 발자국만 바라보고 있었다.

다시 비가 내리는 주말
꽃은 아무래도 모두 떨어질 것 같았고
낮 기온은 어제보다 육도 낮다는 예보.

(2018.4)

낙엽, 보도블록 위에 눕다

백로가 지난 구월 아침
어디선가 나를 부르는 소리가 있었다.

누구일까, 어디서 들리는 소리일까 두리번거리다
그만 깜짝 놀랐다.

그것은 낙엽들이 부르는 소리였다.
흙에 눕고 싶다고, 거기서 편히 쉬고 싶다고

무서운 손가락질이었다.
사람들은 왜 그러느냐고 나무들 가엾지 않느냐고
자기들 편하자고, 저기 보라고

보도블록 아래 땅이 죽어 가고 있다고
왜 거기에 가두어 두느냐고

단 한 번도 햇빛을 못 받은 뿌리는
이제 포기와 체념에 익숙해졌다고

나뭇잎이 땅에 떨어져 흙에 몸을 눕히고
제 살이 모두 썩어지면
땅은 더 건강해지는 것이며

거름이 되어 뿌리들 겨울 양식도 되는데
사람들 그럴 수는 없는 것이다.

흙을 밟아야 삶도 넉넉해지는 것
보도블록 위에 떨어진 나뭇잎들은
어떻게 되는 것일까.

가을 어느 날
준엄한 가르침 앞에
나는 아니라고 내 잘못은 아니라고
손사래를 치며 변명만 떠올리고 있었다.

(2017.10)

출근

밥 두어 숟갈
김치와 깍두기
고추 부각
집 간장에 김구이 몇 장
국 반 그릇이면 좋으리라

건강하게 하루를 시작하는 새벽
잠에서 깨고 나오는 아내에게
괜히 으쓱거려 본다.

집안 일 한두 가지 묻고
현관문을 열면
가을이 깊었다.

행복은 먼 데 있는 것이 아니고
스스로 찾는 것

행복은 귀한 것만이 아니고
소박한 일상에 있어라.

이웃들이 깨는 것은 생각에도 없고
씩씩한 걸음으로
계단을 내려와 대문을 세게 열고 나선다.

오랜 습관이 된
일곱 시 출근 길

기차를 기다리다
철로는 깊은 잠이 들었나보다.

괜한 심술로
철로를 깨워보다가
그만 들켰다.

(2016.11)

어떤 시비(是非)

봐라, 이제 어쩔 것이냐
정말 땅마저 흔들리는 지경에 이르렀으니 말이다.

지난 여름은 모진 더위로
곡식이며 과실들 채소까지 죄다 타버리게 해 놓고
가엾지도 않으냐 돼지며 닭 오리 할 것 없이
얼마나 안타까웠을까.

왜 죽는지도 모르고 눈을 감을 때
한 번이라도 헤아려 보았느냐 말이다.

그만해야지 어쩌자고 땅마저 흔들어
그렇지 않아도 야윈 사람들 어쩌란 말이냐
남은 가을 다가올 겨울 불안해서 살겠느냐 말이다.

지금 뭐라고 했느냐
그게 내 탓이냐 내가 그런 것이냐 말이다.
너희들 사람들이 그렇게 만든 것이 아니냐 말이다.

단 한 번이라도 산이며 들이며 강이며 바다까지 소중히 여겨 보았느냐 말이다.

나무들 함부로 베어낼 때 얼마나 아팠을까 생각해 보았느냐
너희들 편하자고 제멋대로 길을 낼 때
땅에게 먹인 시멘트가 얼마나 되는지 헤아려 보았느냐 말이다.

강이며 바다가 무엇을 잘못하였다고 흘려보낼 수 없는 쓰레기 함부로 보냈느냐 말이다.

시원하게 변명 한번 해 보란 말이다. 어디 들어보자는 말이다.
왜 말을 못하느냐. 뭐라 해 보란 말이다.

그날, 나는 그 시비 중간에 서서 아무 말도 할 수 없었다. 그냥 바라볼 수밖에 없었다. 왜 바라보기만 했어야 하는지는 정말 몰랐다. 그랬던 어느 가을 무렵.

(2016.10)

산이 웃다

거기 산이 웃고 있었다.
앞으로 사람들은 절대로 믿지 않겠다며
어이없는 표정으로 웃고 있었다.

처음 동네를 철거할 때 산은 크게 궁금해 하였다.
시야를 가리던 집들이 떠나면 무엇이 들어설까
믿어보자고 또 숨도 못 쉬게 할까 기대하고 있었다.

그러나 그 자리에는 아파트가 신축된다는 뉴스였고
살던 사람들은 함께하지만 산은 제외된다는 것이었다.

정말 어디까지 믿어야 하는지
현수막을 온 산에 붙이고
사람들 출입을 금지한다고, 산을 지켜 주겠다고

거기까지였다. 그만이었다.

다시 공사가 시작되면
놀란 새들과 물고기들은 어디로 가야 할까
산은 어떻게 단잠이 들까.

재. 개. 발

거기 철거 현장 위에 야윈 산이 울고 있었다.

(2019.9)

9월의 약속

지나간 여름
무더위와 가뭄이 계속된 날들
온 힘을 다하여 제 몸의 수분을 밀어 올려
나무들은 살리고 땅은 야위었다.

가을 9월이 되면
땅에게 굳은 맹세를 하자.

야윈 살점이 다치지 않게
살금살금 걷기로 하자.
서둘러 걷지 않기로 하자.

가끔은 엎드려 귀를 기울여 보기로 하자.
거기서 들려오는 목소리를 듣기로 하자.
마음에 새기기로 하자.

땅이 생명을 다하면 나무들도 살지 못한다는
준엄한 경고를 잊지 않기로 하자.

가을 9월이 되면
분명하게 용서를 빌어야 할
대상이 있다.

(2018.9)

전철 안에서 피에로를 만나다

  그 젊은이는 왜 피에로가 되어 세상을 내려다보려고 했을까.
  서울 나들이에서 돌아오던 전철 안
  젊은 사내가 검정색 큰 신발이 달린 피에로 기구를 들고 앉아 있었다.
  한 갈래로 묶은 긴 머리, 동그란 금속 안경테 사이로 나이에 비해 고단한 일상이 가득 배어 있음을 금세 알 수 있었다.
  그 큰 신발이 자연스럽게 몸에 어울리기까지 얼마나 힘든 시간이 있었을까.
  보조 기구가 균형을 잡아 준다지만 휘청거리는 상체를 바로잡기까지 고단한 일상은 계속되었을 것이다.
  나는 그를 곁눈질하면서 몇 번이나 분장을 지웠을까 생각해 보았다.
  문득 삶이란 온몸으로 이겨내는 거룩한 노동이라는 생각을 해 보았다.
  결코 외면할 수도 없고 누가 대신해 줄 수도 없는 과정의 연속이라는 생각을 해 보았다.
  내 시선을 못 느낀 채 잠든 사내 곁에 큰 신발이 전철과 같이 말없이 흔들리고 있던 가을날.

(2015.10)

새벽, 까마귀 네 마리

　새벽 출근길, 운동장에 까마귀 네 마리가 비닐봉지 하나를 사이에 두고 앞다투어 부리로 쪼아대고 있었다. 나는 걸음을 멈추고 까마귀가 무엇을 하는지 살펴보기로 했다. 처음에는 놀이인 줄 알았다. 그러나 치열한 녀석들의 다툼을 바라보다가 깜짝 놀라고 말았다. 까마귀들은 봉지 안에 남아 있는 부스러기에 집착하고 있었던 것이었다. 가을이 시작되면서부터 녀석들은 넉넉하였다. 대추며 은행이며 제 마음껏 날갯짓으로 배를 불리던 것이었다. 그러나 사람들이 단풍이 물드는 것을 기다리는 시간동안 녀석들은 야위어가고 있었다. 열 마리도 넘게 운동장에 모여서 나무들을 깨우던 까마귀가 줄어든 것을 모르고 있었던 것이었다. 녀석들의 울음소리만 멀었으면 했지 아픈 속내는 헤아리지 못했던 것이었다. 그때 해가 뜨고 있었다. 눈이 부신 까닭은 햇빛만은 아니었던 어느 가을날 아침.

(2015.10)

폐선(廢線) 선로를 응시하다

 이제는 기차가 지나간 흔적조차 잡풀들이 지워 내 버린 폐선 선로 위로 용감한 아이 몇 명이 걸어가고 있고 자동차 한 대도 그 가운데에 터억 주차를 하는 어느 오후, 나는 선로를 발로 툭툭 차 보았다. 그만 일어나서 너를 괴롭히는 사람들과 자동차를 큰 목소리로 꾸짖으라고. 그러나 이미 생명력을 잃은 선로는 녹이 슬었고 침목은 균열이 생겨 가엾기만 했다. 기차가 지나다닐 때 녀석은 참으로 놀라웠을 것이다. 그 육중한 무게를 넉넉한 웃음으로 감당하며 사람들에게 추억을 전한다는 기쁨 하나로 긴 세월을 견뎌 왔을 것이다. 그러나 이제 기차도 떠나고 잡풀들도 무겁게 느껴지는 일상. 선로를 깨우기는 어렵다는 생각이 들었다. 문득 그런 생각을 해 보았다. 그전에는 기차가 무서웠는데 이젠 사람이 더 무섭다고. 잊지 말아야 하는 것과 무관심이 더 무섭다고.

(2015.10)

어떤 반응

냉장고가 열리는 소리만 들리면 녀석은 놀라울 정도로 정확하게 반응을 하였다. 그냥 돌아서지 말라고. 알 수 없는 녀석의 울음소리는 살아있다는 간절한 외침이었다. 큰아이가 출근해서 돌아오는 시간까지 불빛도 없는 공간에서 얼마나 무서웠을까. 녀석은 제 힘으로는 집 밖으로 한 발자국도 나갈 수 없었고 그렇게 반응한 것은 먹이가 아니라 친구가 되어 달라는 뜻이었을 것이다. 녀석이 제 주인에게 쉽게 다가오지 않는 것은 경계하는 까닭도 있었겠지만 주인이라고 손 내밀거나 다가가지 않은 결과였을 것이다. 녀석이 무서울 정도로 빠르게 미나리를 먹기 시작하였다. 다 먹을 때까지 보아 달라는 눈빛을 읽는다. 거기 조금 더 머물러 분명하지는 않지만 중요한 가르침 하나를 얻고 돌아선다. 녀석은 기니피그였고 큰아이는 꾸꾸라고 불렀다.

(2017.10)

어떤 변명

문득 아내 손을 잡고 싶었다.

장모님 문병을 하고 돌아오던
그해 개천절
아내는 얼마나 힘들었을까.

이제 더 이상 회복하기 어렵다는
차마 듣지 않았으면 하는 말을 들었을 때
정말 미안하였다.

가을이 넉넉하게 물들기 시작하는 계절
멀리 산다는 이유로
단풍 구경 한번 해 드리지 못한 나는
정말 할 말이 없었다.

효도하라고
바른 사람 되라고
낯부끄럽게 가르쳐 온 세월이 아프다.

대화 없이 돌아오는 다섯 시간
가을 해는 그리움처럼 저문다.

아내는 끝내 아무 말도 없이 잠들었다.
아내는 무슨 생각을 하며 잠들었을까.

나는 아내를 내려다보지도 못하고
읽으려고 가져 왔던 책만 넘기고 있었다.

(2014.10)

어떤 조사(弔辭)

산아, 이제 네게 가기 쉽지 않을 것 같구나.
사람들 편리하자고 시작한 재개발은
네 날숨과 들숨, 휴식과 단잠을 사라지게 했고
살점마저 빼앗길지 모르는 불안감을 심어 주고 말았다.

살려 달라고, 살아 있게 해 달라고
간절하게 두 손을 내밀었을 때
아무것도 도와주지 못하는 나는
고개만 가로저을 뿐이었다.

사람들에게 넉넉한 추억을 전해 준 결과가
네 턱밑까지 포클레인을 겨눈 것이라니
이 잘못을 어떻게 용서를 빌어야 할지
내가 그랬다.
사람인 내가 네 심장을 노린 것이다.

겨울이 다가오기 전에 너는 살점을 모두 땅으로 내려 보내고
땅이 얼지 않도록 살펴주고 새봄을 마련해 주었는데
네가 더운 목숨을 잃어가도록 외면해서는 정말 안 되는 것이었다.

사람들아, 변명이라도 하라는 말이다.
산은 기꺼이 알몸으로 겨울을 맞이하는데
잠시만 멈추고 바라보라는 말이다.

거기 절대로 함부로 해서 안 되는
억년 침묵으로 가르치는
산이 있다는 말이다.

(2019.12)

(弔詩) 장모님을 여의고

언 땅에 장모님 모셔놓고
왜 그랬을까.

다행히 눈은 내리지 않았다고
날씨는 덜 춥다고

정말 왜 그렇게 철없는 생각을 했을까
땅을 치면서 가슴을 쳐 가면서
불효를 뉘우치고 또 용서를 빌어야 했는데

그날 나는 아내와 처남, 처형들에게
정말 할 말이 없었다.

베풀어 주신 귀한 사랑에 아무 보답도 못하고
따뜻한 밥 한 번 대접하지 못하고
바쁘다는 핑계만 앞세우고

수없이 많은 날 친정엄마 그리워했을
아내의 마음을 헤아려 주지 못한
나는 울 자격도 없었다.

빈집만 남은 처가
금방이라도 부족한 막내 사위 반겨 주실 것 같은데
배추 부침개에 술 한 잔 전해 주실 것 같은데
어디로 가셔서 다시는 돌아오지 못하시는가.

참말 가신 길은 다시 되돌리지 못하는가.
육남매 가슴에 맺힌 아픔 어찌 지워질까.

장모님 모신 자리에
이름 모를 산새만 하늘을 맴도는데
부끄러운 마음으로 겨우 용기를 내
잘못했습니다. 잘못했습니다.

뒤늦은 불효를 어찌 용서받을까.
어찌 용서받을까

일어서지도 못하고 속울음을 삼키면서
무릎 조아리던 겨울

(2016.2)

통영, 그 바다에 있었다

겨울의 끝자락
나는 통영에서 벗어나지 못했다.

그 장엄한 일출 아래
머언 명량해전의 출정과도 같던
수백 척 어선들의 씩씩한 행군을 잊을 수가 없었다.

선단(船團)들이 지난 자리에
파도는 용솟음치며 백사장으로 치닫고,
나는 물러서려고 했다.

그러나 파도는 큰 목소리로 거기 서 있으라 했고
해는 고개를 돌리지 말라고 했다.

무서웠다.

그때 갑자기 사방에서 들려오는 함성이 있었다.
鷗, 鷗, 鷗*

고동 소리에 잠을 깬 갈매기들이
급히 뱃전으로 날아오르는 소리
가득한 바다
거기 내가 있었다.

그 찬란한 새벽에 있었다.

*鷗 : 갈매기 구.

(2015.2)

그날 통영에 비가 내렸다

처음에는 저무는 겨울 인사라고 생각하였다.
다가오는 봄의 설익은 인사라고 생각하였다.

그러나 아니었다.

거기 통영에 청마와 초정,
김춘수께서 살아 계심을 몰랐다.

백석이 머물렀고 정지용께서 남긴 발자취가 있음을
참말 몰랐다.

비는 나를 꾸짖는 준엄한 목소리였다.
어떻게 통영을 담으려 왔느냐고
발만 들여놓으면 되는 줄 알았느냐고

함부로 쏟아낸 말이 얼마나 되는지
아끼고 또 조심한 낱말들은 얼마나 되는지

그것부터 세어보고 또 세어보고
그리고 왔어야 한다고

그날 통영에서 나는 우산을 쓸 수가 없었다.
얼굴과 속살이 씻겨 나가는 데도
아무것도 할 수 없었다.
감히 한다는 생각도 할 수 없었다.

무릎도 꿇지 못하고
여린 동백이 젖는 데도 가려 주지도 못하던
어느 날 밤.

청마 유치환, 초정 김상옥, 김춘수, 백석, 정지용을 우러르며

십이월이 오면

설익은 겨울 십이월이 오면
엎드려 참회의 기도를 올리겠습니다.

지나간 한 해의 시간을 되돌아보며
찬물로 얼굴을 씻고 손도 몇 번 닦아내고
무릎 조아려 용서의 기도를 올리겠습니다.

낮추지 못한 시간들
섬기지 못한 날들 헤아려 보며
가슴 깊이 다가오는 가르침 듣겠습니다.

겨울 십이월이 오면
거기 산으로 서둘러 가서
자연이 주는 교훈을
귀 기울여 듣고 오겠습니다.

나무들과 계곡들이
잠시 숨 고르기로 쉬는 까닭은
새봄을 준비하는 것이라는
참된 의미를 배우고 오겠습니다.

겨울 십이월이 시작되면
올 한 해 함부로 한 말들과
감히 미워했던 내 마음을
북풍에 기꺼이 내다 걸고
부끄러운 것들 모두 찾아내어
힘주어 세게 털어내겠습니다.

그리고 겨우내 햇빛에 잘 말려 두었다가
새봄이 돌아오면
거울에 비쳐 보았다가
용기를 내서 다시 쓰겠습니다.

(2014.12)

이중섭 식당

가을이 절정으로 물들어가는 시월이 되어서도 나는 지난 겨울 끝자락에 다녀온 통영에 남겨 둔 발자국을 다 지우지 못하였다. 통영 나들이를 통해서 자연은 함부로 담아서는 안 된다는 것과 감히 부끄러운 발자국을 남긴 것을 알게 되었다. 한 숟갈씩 밥을 넘길 때마다 벽에 걸린 이중섭 그림이 무섭게 살아서 내려다보고 있었다. 거기 그림에는 무구(無垢)한 자연이 가득하였고 정직한 삶이 담겨 있었다. 하루 나들이로 욕심과 허상(虛像) 가득한 발자국을 남긴 나는 더 이상 밥을 넘길 수가 없었다. 밥을 남기는 것이 큰 죄임을 알면서도 서둘러 신발을 신었고 어떻게 식당에서 나왔는지 몰랐다. 겨우 숨을 한 번 고르려는데 눈앞에 바다가 있었다. 동공(瞳孔)이 커지는 것과 동시에 바다가 외치는 준엄한 목소리를 들었다. '다 두고 가라고. 내려놓고 가라고.'

(2015.2)

제4부

기도

성탄, 구유를 향하다

주님 오신 그 거룩한 성탄
구유 우러르기 부끄러워
머뭇거리다 물러서려고 할 때

'오너라.'

따뜻하고 부드러운 음성이 들려
누구일까 조심스럽게 고개를 들다

아아,
주님 내게 오시다.

무릎을 굽히고 손을 내밀고

왜 거기 있느냐 말씀하시네.

나 주님 뵈올 수 없어
돌아서려고 할 때
주님 누우셨던 구유에
나를 안아 눕혀 주시다.

교만도 거짓도
높아지려고만 했던 날들이며
이웃을 외면했던 시간들까지

'괜찮다.'

그 성스러운 손으로 어루만져 주시다.

아아,
나 헤아릴 수 없는 은혜 입은
성탄 구유
주님께 두 손 모아 다짐하다.

낮추고 섬기고
귀 기울여 듣고
이웃을 내 몸 같이 받들겠나이다.

'되었다.'

'가거라.'

깊은 숨 들여 마시고

주님 주신 십자가 힘 있게 지고 나서네.

아아,
죄 많은 나 다시 살려 주신
그 거룩한 성탄, 구유를 향하다.

아멘
알렐루야.

(2013.12)

주님 그 밤에 오시다

아아,
주님 그 밤에 오시다.

온 세상 죄악이 덮여
어둠으로 가득한 밤

아아,
주님
그 죄악 씻어 주시러 오시다.

주님을 모른다고
모른다고 세 번 부인했고
앞장서서 십자가를 지게 했던
그 죄인들을 찾으러

아아,
주님 오시다.

어디로 숨을까
어떤 변명으로 주님 뵈올까

저는 아닙니다. 고개 짓으로 외면할까
가슴을 힘주어 세게 치며 용서를 빌까
무릎 조아리기도 부끄러워
그저 떨고만 있던 밤

주님
빛으로 오시다.

죄악의 어둠 장막
거룩한 손으로 걷어 내시고
온화한 미소로 죄인 품어 주시네.

아아,
빛 되신 주님이여
부활의 주님이여.

(2018. 10)

제 탓이오 제 탓이오
저의 큰 탓이옵니다

주님,
이제는 더 이상 용서하지 마시옵소서.

주님을 우러를 자격도 없는 저는
낯부끄럽게도 성삼일과 부활절 날
거룩한 성체를 받아 모셨습니다.

그 차가운 바다에
우리나라 미래를 이끌어가고
지구촌을 선도해 갈
어린 영혼들이
부모님과 가족 품으로 돌아가지 못하고 있는데

그 사고는 선장과 회사의 잘못으로만 생각하였습니다.
부모의 한 사람으로서
교사의 한 사람으로서
정말 그래서는 안 되는 것이었습니다.

그 바다에서 잠든 것은
주님께서 잠든 것이며
그 바다에서 찾지 못한 아이들은
주님을 찾지 못하는 것이었습니다.

그 아이들은 주님의 눈빛이며
주님의 숨결이며
주님의 웃음이며
주님의 손길이며 발걸음이었습니다.

간절히 간절한 마음으로
용서의 기도를 올립니다.

무릎을 꿇고 손을 모아
그 고귀한 아이들에게
용서의 기도를 올립니다.

그 아이들의 부모님들에게
용서의 기도를 올립니다.

제 잘못이었다고
제가 저지른 큰 잘못이었다고
참으로 제가 저지른 큰 잘못이었다고
엎드려 용서의 기도를 올립니다.

제 탓이오. 제 탓이오. 저의 큰 탓이옵니다.

(2014.4)

오월을 맞으며

기꺼운 마음으로 성모님을 우러르는
설레는 오월은 다가오는데

진도 팽목항
그 차가운 물속에 고귀한 영혼들은
사랑하는 가족 품으로
돌아가지 못하고 있는데

살을 저미고 뼈를 도려내는
그 아픈 이별은 누가 만들었을까.

어머니 성모님,
저는 아니라고 생각했습니다.
제 죄는 아니라고 생각했습니다.

그러나 그러나
거기 잠든 영혼은
주님이셨습니다.
거기 어린 학생들과 승객들과 함께 계셨습니다.

저를 꾸짖어 주시옵소서.
벌하여 주시옵소서.

진정한 부활은
주님 지고 가신 그 십자가에 달려
기꺼이 죽었어야 하는 것을

어머니 성모님,
저를 안아주지 마시옵소서.
다독거리지 말아주소서.

꼭 그렇게 하여 주시옵소서.
어머니시여
성모 어머니시여.

(2014.4)

사랑의 우물

주님 부활하셨네.
찬란한 그 밤
거룩한 그 밤
약속대로 다시 나시었네.

누우셨던 무덤은
이제 우리 가슴에 사랑의 우물이 되어
가없는 주님 사랑이 솟아나리라.

그 샘물에 내 닫힌 눈을 씻고
교만한 마음도 씻어내고
죄 많은 몸도 담그고 닦아내리라.

씻기고 난 내 얼굴과 몸
그대로 남아 있는 교만과 시기 질투
그 우물에서 어찌 나올까.

생각해 보면 들어가서도 안 되는 것이었네.
우러르기만 해야 했을 것을
어찌 거기 들어갈 용기 감히 내었을까.

화들짝 놀라고 무서워 고개 흔드는데
빛이 있었네. 나를 노려보는 눈빛이 아니라
나를 일으켜 세우고
이웃을 밝히고, 세상을 깨우는
종소리 있었네.

주님이셨네.
온유한 손길로 다가오심이었네.
낮추심이었네.

아아,
그 빛 바라볼 수 없어
담을 수 없어

발만 겨우 구르는데
다시 한번 옳지 하고 일으켜 주시네.

가자하시네.
받은 빛 나누라 하시네.

아아,
찬란한 부활이여
나를 다시 살리시어
주님 십자가
삶의 십자가로 받들라는
가르침이여, 빛이여, 참 구원이여.

(2010.4)

오월

얇은 내복을 몰래 입고
새벽 미사를 다녀온
오월의 첫 아침

내 발자국 소리를 들은 봄꽃들이
잠에서 깨어 수군거리다 웃기 시작하였다.

저 꼴 좀 보라고
올봄 유난스런 날씨는
거기 사람들이 만든 것이 아니냐고

이 자연을 그대로 두기만 했어도
오월에 내복이라

수군거리던 꽃들이
허리를 젖혀 가며 웃기 시작하였다.

나는 얼른 귀를 막고 숨을 곳을 찾다가
주저앉고 말았다.
여린 봄꽃들의 눈빛이 살아서 무서웠다.

뭐 하나 자연 앞에 당당할 것이 없으면서
꽃들의 새벽잠을 깨우고
겨우 변명 거리나 떠올리다
이젠 그마저 신통한 구석이 없는
그해 오월 첫날

뉴스에서는
올해는 봄 없이 여름을 맞는다는
103년 만의 특종

호외다.

미사를 드리고 집에 들어서다
걸음을 멈추었다.
계단 양쪽에 둔
화분들이 저벅저벅 다가오는 것이었다.

물러서야 하는데
뒤를 돌아다볼 수가 없었다.

그래도 살려고 하는
버둥거림.

(2010.5)

문학세계대표작가선 994

山은 아무 말도 하지 않았다

신성수 시집

인쇄 1판 1쇄 2023년 8월 24일
발행 1판 1쇄 2023년 8월 31일

지 은 이 : 신성수
펴 낸 이 : 김천우
펴 낸 곳 : 도서출판 천우
등   록 : 1992. 2. 15. 제1-1307호
주   소 : 서울시 성동구 무학봉28길 6 금용빌딩 2F
전   화 : 02)2298-7661
팩   스 : 02)2298-7665
cafe.naver.com/chunwu777
E-mail : cw7661@naver.com

ⓒ 신성수, 2023.

값 16,000원

*도서출판 천우와 저자의 서면 동의 없는 무단 전재 및 복제를 금합니다.
*저자와의 협의에 따라 인지는 생략합니다.

ISBN 978-89-7954-903-4